Für meinen großen Igel Patricia.
B. A.

Für Ida.
K. B.

ISBN 978-3-95939-220-4

BOUBO – SO GROSS!

Text und Illustrationen: © Beatrice Alemagna 2014
Übersetzung: Kathrin Bögelsack

1. Auflage 2024

Alle Rechte vorbehalten, auch auszugsweise.

Bohem Press GmbH, Hafenweg 30, 48155 Münster, Germany
www.bohem-verlag.de

Originalfassung erschienen 2014 unter dem Titel
„Little Big Boubo" im Auftrag der Tate Trustees
der Tate Publishing, eine Firma der Tate Enterprises
Millbank, London SW1P 4RG
© Beatrice Alemagna 2014

Gedruckt auf FSC-Papier aus nachhaltigen Quellen in Litauen.
Der Farbschnitt dieses Buches erfüllt die Zulassungsbedingungen
gemäß TRGS 900 und ist somit unbedenklich.

Beatrice Alemagna

BOUBO SO GROSS!

Aus dem Englischen
von Kathrin Bögelsack

BOHEM

Hallo!
Ich heiße Boubo.

Ich bin kein Baby mehr.
Ich kann schon Fahrradfahren!

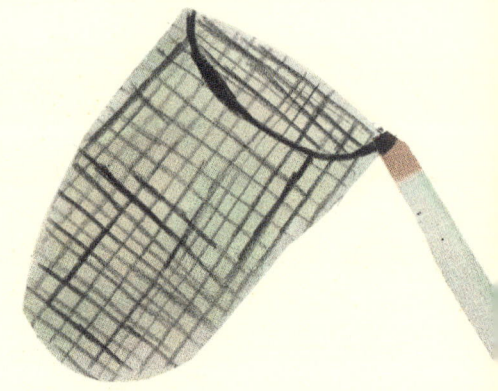

Und eine GROSSE Nase.

Vier **GROSSE** Zähne hab ich auch.

Meine Windeln brauch ich nur noch einmal in der Woche –

Babys grabschen immer nach allem,
was vor ihrer Nase baumelt.
Ich mach das schon lang nicht mehr.

Ich kann rückwärts laufen,
OHNE hinzufallen – also fast ...
Und ich trau mich,
bis ganz nach oben zu klettern.

Wenn wir essen gehen,
brauch ich nur noch
EIN Kissen.
Und ich bestell selbst –
aber NIEMALS
NIE Erbsen!

Tatsächlich bin ich sogar

der **ALLER-GRÖSSTE!** Das weiß ich genau.

Denn wenn meine Mama mich abends ins Bett bringt, ...